LYRIKEDITION 2000

begründet von Heinz Ludwig Arnold†

Wolfram Malte Fues, geb. 1944, Prof. Dr. phil., bis 2011 Dozent für Neuere deutsche Literaturwissenschaft sowie Medienwissenschaften an der Universität Basel. Von 1992 bis 2003 Leiter des interdisziplinären Lehr-Angebots »Kulturgeschichte der Wissenschaften«. Zahlreiche wissenschaftliche, essayistische und belletristische Publikationen. Mitbegründer des Internationalen Lyrikfestivals Basel. Bisher sechs Gedichtbände.
www.fues.ch

Sam Grigorian, geb. 1957 in Jerewan, Armenien, lebt und arbeitet seit 1992 in Berlin.
Ausstellungen in Tammen & Partner Galerie Berlin. Tufenkian Fine Arts LA USA. Georg Nothelfer Galerie Berlin. Galerie De Rijk Den Haag. Galerie Molwo Riehen / Basel. Haus der Kunst Solothurn, Schweiz. Musée du Luxembourg Paris. Anna Pappas Gallery Melbourne. Holland Paper Biennial 2010, Museum of Apeldoorn (CODA). Kunstauktionen bei Deutsche Guggenheim Berlin, Christie's London und COAF New York. Messebeteiligungen an Palm Spring Fine Art Fair LA USA. Art Cologne. Art Forum Berlin. Kunst Rai Amsterdam. Sthlm Art Fair Stockholm. Art Sydney. Art Karlsruhe. Art Stage Singapore.

Wolfram Malte Fues

Unsanfte Bilder

Gedichte

Mit Bildern von Sam Grigorian

und einem Nachwort von Mariana-Virginia Lăzărescu

LYRIK
EDITION
2000

Die Veröffentlichung wurde freundlicherweise gefördert von

MIGROS
kulturprozent

Oktober 2019
Allitera Verlag
Ein Verlag der Buch&media GmbH, München

Printed in Europe · ISBN 978-3-96233-184-9

Madonna will aus dem Bild.
Setzt ihren Hermelin
auf die Gitarre vor ihrem Schoß.
Stopft ihn ins Schallloch. Legt
die Gitarre ab. Legt
die Kleider ab. Geht
sich schminken.

Steg: Aus der Klinge des Schwertfischs.
Aus Mammutzahn. Aus dem gehärteten Stoß-
schnabel des Flugsauriers. Schallkörper:
Planken vom Oseberg-Schiff
der Santa Maria, der Argo (nein,
nicht die sprechende; die
nebenan). Saiten
aus allen verhalten
sich haltend zwingenden Dingen, die
nicht genannt sein wollen, außer
bei ihrem Bei-ihr-Sein.
Bushmaster Efeu Nordlicht
Schleifen zu Streifen, zu Fäden
verquickt verknotet verstrickt
jede mit jedem je anders-
weit oder -wo oder -wie. Du
aus dem Passbild zur Prüfung
von Mimik, Agogik, Profil
zurück im Porträt
legst für die Gitarre
Dein Kopftuch aufs Knie
mit Märchenmustern in Pink und Türkis
Cumulus-Quasten, Zirrus-Bordüren, Flecken
von Ammenmilch? Sonne? Melonensaft? Dir?

Plektrum (Düppel
gebündelt gestapelt verschweißt)
macht sein Das dem Messer bekannt
wie's auf spanischem Tisch die Melone
in Arabesken zerschneidet in Hinsicht
des Urteils über die Lücke im Rahmen
Geburtsstreif? Senkgrube? Beides
in beidem?

Die Gitarre stellt sich jetzt klein
weil sie groß werden will
unter Deinen Händen, schlieft
Schwingungsarthrose fingierend
in die sich blätternde Partitur
rechts von Dir?
Links von Dir? Dir
gegenüber? Zimmert
aus überschüssigen Stimmen
die Tonleiter neu. Fragt
wie viel Sprossen. Du
zählst sie ab
am verbotenen Baum: Hol
die noch übrigen Äpfel, bevor
sie verfaulen.

Die Gitarre lehnt
an Jachin. An Boas.
Die Gitarre rutscht
die Tempeltreppe hinunter.

Die Gitarre steht Kopf
am Sack mit den rohen Kastanien, weil
der Straßenbahn-Spieler
ganz dringend. Abends
legt er sie auf die Kirchenbank
vor Deine Knie
legt sich auf die Knie
vor die Gitarre. Nachts lockt
die Taube aus innen
die Tauben von draußen
gluckernd glucksend köpfchenreibend
an die schlafschlaffen Saiten. Bald
ist die Gitarre weiß
von Taubenmist, weiß
wie die Oblate auf Backtrennpapier
im versteckt aspiriert
eilig brummenden Kühlschrank.

Weiß via Weiß
transponiert die Gitarre sich weg
konsekriert ihre Schenkel im Lotus-Sitz
über offenem Buch, als wär es für sie
ein offenes Buch, lässt
aus dem mantisch magnetischen Pol
über der obersten Zeile
eine Draht-Harfe wachsen. Ordiniert sie
zur Kristallgitter-Klaviatur
fast widerstandslosen Raums
fast widerstandsfreier Zeit. Während
der Messkelch sich anschickt, ankippt

und der Stammtisch lachend mit ihm anstößt
wird der Straßenbahn-Spieler am Steg
unter die Saiten gekreuzigt.
Im Wirbelkörper
dehnt sich Danä, räkelt sich
die Marroni-Verkäuferin.

Hängebrücke wird Netzstrumpf.
Schlenkert gegen zurück-
scheuenden Fluss, fängt
die ihn verloren hat
feuchtfröhlich strampelnd
wird Andreas-Kreuz. Un train
peut en cacher
un autre. Ir-
ritiertes Vinyl
Hypnos und Thanatos wider-
rillig verwechselnd
Auge in Auge
Nase an Nase
Brust an Brust
Geschlecht an Geschlecht.

Ratte, Wiesel, Ichneumon
teilen sich in den Gebrauch
Steppenbrand witternder Mobile Homes
am Rand der zum Weingut »The Grail«
führenden Römerstraße.

Winkeln die Parabole
zwischen den Pferdeköpfen am First
ins Licht von den sommerpolar
Tag und Nacht leuchtenden Städten
spiegeln es weiter nach Robinsons
Insel, nach Sanchos in Leuchtschrift:
Kauf? Miete? Leasing?
Der Pekinese auf Deinem Schoß
fiept applaudierend. Was
taktet Dir heute
das Haar aus der Stirn?
Bourrée? Loure? Gavotte?

Kleopatra schlüpft
die Gitarre vom Schoß.
Verhakt sich
mit den obersten Wirbeln rechts-links
im Collier. Achat, Hämatit
Jaspis, Karneol, Malachit
verlieren die Fassung trotz Onyx, springen
Mondstein und Tigerauge spitz scharf
schleifend der schwanken
Gitarre über die Schulter, ketten
Quart-Sept zu Sequenzen aus sprengend
breit spreitendem Eiweiß-Enzym.
Widderkopf schnüffelt: Ich rieche
rieche la viande future
hinter torlosen Mauern
thrombo-, granulozytisch
-typisch, -zyklisch, -zeit-

seidig, Widderkopf liebt
Wuschelkopfs Ätiologien.

Plasma-splashing. Shooter
ontogenetisch je Ich.
Minarett, Kathedrale, Pagode
um die Triage von Jobbing-
Shopping- und Gaming-Strömen
blähen sich stroboskopisch
süßsonnig klebrig zu Netzhaut-Bonbons
platzen, zerknallen, sprühen
fackeln pyrofizierend.
Cool
lagern.
Haltbarkeit
siehe Handgriff. Kleopatra

schüttelt die Schlange ab. Reibt sich
den Oberarm. Greift sich
die Gitarre:
Would you like to sing
'We shall overcome'?

David als Maler von David
als Goliath zieht eine Stimmgabel
aus der Palette, ohrfeigt
den Schmuck-Kopf vor Dir nach Kirchentonart
aphrodisisch marianisch.

Spiegel Spatel Flacon
drängen sich um den Zerstäuber.
Das Messer zwischen den Ohren
der Hasen-Maske horcht auf.

Harlekin hat
auf der Flucht aus Furcht
vor Übermalung statt Unterzeichnung
die Gitarre verloren. Jetzt
liegt sie stegerde im Hinterhof. Gras-
spitze singt Gras-
spitze nach, Gras-
spitze mit Gras-
spitze konzertiert
härtersanfterlängerkürzer
dumpfergrellerhellerdunkler.

Die Fahndung nach Harlekin
läuft.

Graswurzeln locken das Volk der Minierer
in die Swing-Amplitude zu Orpheus, Orest
Medea, Rhea, Persephone
dem Kammerspiel-Team für Sphärenmusik
wenn die Titanen auffällig werden
im felsschweren Schlaf. Du

setzt die Gitarre ins Bild
Leinwand, Baumharz, ätherische Öle. Jede
Saite sucht ihre Nut
Sprünge im Rahmen.
Rampen, Gassen, Treppen
in Sand oder Teer oder Stein
zur Empfindungs-Erfindung
von Lyra und Phorminx
auf Wüsten-Papier. Das Licht
über den Schaukästen schmeckt
nach Mandorla, nach neunzehn-
acht-vier?

Bild. Unfug. Stört
Nah/Fern
den elliptischen Kreislauf.
Setzt Aus-
fälle an den Bewegungs-Fühler
die Wünschel-Rute, den Wärme-Sensor.
Übt Patience
mit Ansichtskarte und Faltprospekt
Coupon und Batch.
Präparitiert
den Dienst der kleinen KI
im selbstverwaltenden Haus
zielt mit dem Kellergeschoss
auf Auskünfte, Fragen, Befehle. Zieht
Quäl-Codes über den Touch-screen, kriegt sie
unter den PC-Tisch
unter den Grund, auf dem
die Tischbeine grundsätzlich stehen
unter die Erlen ans Ufer
vom Ufer ins Flussbett als Misch-Batterie
für Brauchwasser Brackwasser Abwasser.

Der goldene Bogen
über das platte Tal
im Nasenrücken zittert, während
der Zelltod hinter den Augen
ins Schlendern und Schleudern kommt
im Bogen über den Bogen
auf die Lippe springt, knöcherne Fersen tief
in die Zunge bohrend. Die
könnte Schmerz-Sätze bilden zum Bau

der goldenen Brücke zwischen den Augen
nach Satzschluss dem Schmerz auf den Fersen
unter den Brauen stöbern nach Wolle
und Pechdraht für Strümpfe und Schuhe.
Zur Zungenwurzel
wird's abschüssig
anunverfügbar sogar
für den inbrünstig inzüchtig
Massmesse haltenden G-Typ.

Judith hat einen Schönheitsfleck
neben der linken Braue
oder ein Melanom. Oder ein Oger für
Holofernes, wie er vom Kleid
kopfvorweg aus dem Bild rollt?

Denk ich an das
was in Mode kommt, um
heute das Ende von heute
zu bordieren, zu paspeln
zu posamentieren, in kleinen
Schlucken und Schüben, wird
mein Schnupfen nicht schlimmer nicht besser.
Ihn juckt's, gängig
gefälligen Mustern
ihr Kennwort zu köpfen, die Amplitude
von heute nach heute olympisch
pythisch zu modulieren.

Auf der Spitze der Sticknadel, am
Sprühkopf des Sprays: Wenn
ohne Aber. Aber
verläuft sich für heute
in die Schonfrist, wo Wenn
auf Ansteckungs-Abstand gesetzt ist und
Nießbrauch Beiß-Schutz erzieht.
Aus dem Walk-man des Waldhüters Rondo
rund ums Rondell
ums Tempelchen mit der Fortuna-
Tänzerin auf dem Teetisch. Wenn
jagt Aber als Federspiel, denn
Ander-Falken sind heutzusag
keine bedrohte Trope.

Ein Trend, während er reizend wird, hat
während er reißend wird, was
vor ihm vorgeht immer im Blick
Hüftschwung, Hüpfschwung, flash-mob, Ohr-
ringe kürzer und länger und
länger und kürzer in Schwingung.
Die Shop-ville-owner swingen sich ein, schieben
in kleinen Schüben die Energy-drinks
den Döner, die Pizza, den Burger.

Meinen Stuhl
zwischen die Fenster rückend, damit
mein Rücken für einen kleinen
Schluck Heute gedeckt ist, schau ich
dem Flattern und Flackern
der sterbenden Leuchtröhre zu.
Ein paar Funken fallen immer ab
als Gedanken-Splitt. Anfänge. Fieber.

Im Löschwasserteich, im Rund
ums weidengeflochtene Enten-Nest
friert die Binse. Das Eis
entspannt sich (sie nicht) und geht
rissgewiss durch die Vielzahl. Die
steif und gradaus wie sie ist
sieht es zu Wolken auf an
macht sie Witze reißen.

Auto-Corso, nicht allzu entfernt
Ego-Shooter, nicht allzu nah.
Gelb-braunes Gras, was an Strichen
und Stille zu wünschen bleibt, unter
schwarz-grauem Schnee.

Eingemummt in den falben
Fächer verwelklichen Röhrichts
wartet ein Cluster vom Biswind
eingelullter Hornissen
auf klärend kältere Tage
während ich in den Rissen im Eis
mit dem Zeigestift stochere.

Machen wir diesmal den Anfang
des Regens, wie er Steine klopft
mit dem Beifang der Fisch-
oder Vogel-Netze, am Windfang
hängendem Löwenzahn-Samen
dem kippenden wippenden
Grüngold der Lärche
den roten Punkten im Fliegenpilz
den Vorratskammern des Baumpostvolks
dem weichen Schnappen der Lebkuchenläden
vor dem Milcheisglas mit der Weißkirsch-Glasur?

Was macht's? fragt der Regen, während
er Tropfen um Tropfen
von der Frage herunterzählt
Süßklee? Südsee? Südlicht? Süßmilch?
Psalm? Palme? Palmyra? Palinodie? Ihr
dürft es dreimal sagen, auch
in Dreier-Potenz, sogar
wenn ihr euch traut, n+1. Mir
soufflieren, während ihr mir
nachsprecht, die Steine, womit
ihr sie ersetzt. Albern. Ist
eine Ursprungsstimme vom Netzrand
Haken, Haarfäden, Ösen, Öhre
in seine Maschen skandierend.

Macht, sagt der Regen. Acht-
erleine, Vorspring. Aufschuss
Prospekt Projekt Projektil
Alleen Arcane Athanor

Windbö. Setz-
oder Grenz- oder Stolperstein
am Schleusengrund. Eintrag
als Ursprung Mäander
im Urstromtal. Rechen, Kamm
Finger-Spiel, Profiler-Maschine.

Froschkönig, fett
von Wolken- und Wegerich-Küssen
spielt mit dem Ruder Natur
zwischen den Schleppankern.
Aschenbrödel und Titania
bieten einander Ophelias
Flussreise an. Ist
wie die Werwölfe wissen, reich
an Anlande-Orten mit Angebot
für Piercing, Face-lifting, Botox
oder ein bisschen Tattoo.

Am Nussgiebel bis zum Rauchfang
für Weih-, Rosen-, Rohzuckerwasser
auf Stövchen mit Teelicht Mosaik
in Brownies, Marzipan, Nougat
mit Nischen für späte Eclairs, voll
von Gedächtnisverlust.
Als Archiv. Als Trophäe.

Grün. Mittlerer Frischegrad.
Blumendraht.
In durch mit.
Alte Verpflichtpunkte, sich
neu verflechtend mit Weiß-
Tanne, Rot-Tanne, Krepppapier
Schalkragen, Schärpen, Schleifen.
Ortsüblich folgende
Silben verschwinden
proportional zum noch bleibenden Weg
Richtung Parkplatz. Der Splitter im Auge im Stamm
der entasteten Birke schärft
seine Ansichten ein, wächst
vielversprechend.

Was aus dem Zucker wird? Wird er zu Nichts?
Stammt die Süße von ihm
stammt sie vom Update der Zunge
mit nichts als ihm?

Wo der Wildbach den Waldlehrpfad
mit dem Wildwechsel kreuzt, wo
Antworten auf die Frage Wo
die Frage zurückspuren, schließt
Draht Zweig Pappe den Ring
macht ihn schicht.
Das Verfolgte
stützt
das Verfolgende

stürzt
seinen Einfall in Einfalt
stülpt
sich ihm über als Jetzt-oder-Nie.
Pollenflug multipliziert
Mondaugen. Mohnaugen.

Was aus dem Jetzt wird? Wird es zu Nichts?
Stammt das Erinnern von ihm
oder vom Zug einer Geisterbahn
durch nichts als jetzt?

Die Klippen im frisch
gebrochenen Hohlweg
schleifen den Lerchen die Flügel
zur Sonne hin, die
kappen mit den Splittern vom Stamm
der Birke den täglichen Rauch

zur Sonne hin, jetzt
nach dem Schließen der Brandschutz-Türen.

Was aus dem Mond wird? Wird er
neu oder neulich zu nichts?
Stammt er von Wie oder Als
oder von Nun ohne Nicht?

Ruheraum. Laub-
feuer Lauffeuer, quer
glimmende Kollektaneen. Scheibt
sich der steigende Mond
am Fenstergitter. Durchs
Gitter über den Gullys
gluckst überflüssiger Dünger.
Ums Lager für Erst-Satz-Kreuze
Steck-Vasen, Windlichter blühn
assertorische Urteile, richt-
weisend für den Drei-Wege-Stein
Handwagen, Gießkanne
Hacke, Schaufel.

Wird was zu Wasser im Schnee
auf der Zunge zum Vorgeschmack
von Planetenbahnen? Als ob
zwischen Hier und Da
außer verkehrender Welt
wie nicht nichts wäre?

Wenn das Ohr sich dem Arm
einprägt, was
hört er dann beim Erwachen?

In den Trockenmauern am Berg
das Rascheln der Eidechsen. In
den Erdbeer-Feldern im Tal
das Rascheln der Abdeck-Folien.
Synonyma tragen
Animosen im Arm und deuten
aneinander vorbei. Die quer
über Grenzrain hängende
Erdfarben harfende Wolke segnet
blakend blaffende Asterisken
hinter die Lider ab.
Stäbchen, Plättchen
im Frachtbetrieb. Hafentöne.
Um Plastik und Stein Myelin. Stoff-
flüsse im Kreislauf
über Glasberg gleich Tal.
Muschel-Rauschen.

Wie viel Wolken-Figur
staut, was träumt, dass es träumt
in die Speicher am Jakobs-Axon
um sich Arm oder Ohr
erkenntlich zu zeigen?
Hai und Delphin
geben Bescheid.
Quelle und Springbrunnen
stimmen sich ab. Sie
kriegen nie genug Abschied.

Idylle

Glocke. Schelle. Gewimmel.
Blinkspur Blinzspur Linsen-Dispers
Wasser Luft Fäulnis Feuer.
Wringstrecke Spülicht schief-
sichtig tief-

trittig Grabplatten rund
um den Brunnenrand. Innert
den Gleisen der Schmalspur-Bahn
Küsters Stiefsohn hüpfauf hüpfab
die Weiche die Fußfalle er
verrenkt sich im Innen das Sprunggelenk
die Fuß-Sohlen fürchten sich, Spitz-
wegerich Weg-
wespen, was
sonst noch so lebt und webt
im Schotterbett

Klöppelschlag jagt sich im Schnee mit der Flocke
bis sie laut wird, aufrührig, schellig
in schallfestes Weiß bis es Farbe bekennt
für Spaliere, Portale, Girlanden.

Freundlage Feindlage. So
geht's, wenn der Schnee
harsch wird zur Zimmerschlacht
angehörs der Kanzonen von tat-
täglich launigen Bänkel-Balladen
Küsters Ex hat's frühlingstaufrisch
glibbrig schon läuten hören

anständig anstellig anstößig für
Andachten zwischen den Schienen, den Merk-
Satz, der gern
auf ihnen ausglitte, aber
auf welcher?

Zick-zack. Tick-tack. Rick-Rack. Das Pendel
an Großvaters Standuhr mäht
Himmels-Schlüssel vom Himmel.
Fichten- und Buchen- und Rosenkreuz-Samen
angeschwärzte Kassiber
von Picknick- und Sonnwend-
und Pfadfinder-Feuern
setzen sie vor Celesta
Horn und Gong und Oboe
lassen sie flattrig nach Löwenzahn-Art
wortlustig fliegen, schrammt's
mit zusammengebissenen Lettern
Schwungfeder? Spannfeder? Sprungfeder?
Schachlage Schachtlage.
Pfarrers Großtante prüft
Pfarrers Nach-Messe-Glas.
Ist es tatsächlich randanständig voll
opak median
hat der Satz sich gesetzt
mit der Sonntags-Zeit in die kommende Zeit?

Steinböcke kämpfen am Rand
des Abdecke legenden Gletschers
Angesicht Ansicht Angesicht
im Schmelzspiegel. Um das, was noch
gezeigt und gezinkt und gememt werden muss

ehe die Gletscher mit ihrer Zeit
aus den Prospekten verschwinden.
Momentan fährt es Seilbahn
im Pendelverkehr, der
bringt es nächstens zum Brennpunkt
auf die Sekunde hin, wo
die Kabinen gleich stehn
sich Türen berühren, Frost
aufbricht, als hätt' er die Schlüssel
verloren. Am Schnittpunkt
des Schienenstrangs spränge
Küsters Stiefsohn ab, löschte
das Jahresprogramm für Turm-Art und Tonart
hörte, während der Ausdruck zerreißt
zu Fidibussen für Picknick-
Sonnwend- und Pfadfinder-Feuer
das Klick und den Kick, wenn der Stick
mit geborgenen Schellen Schlingen
in Ariadne- und Arachne-Fäden schlägt.

Küsters Stief-Tochter hat
Großmutters Mädchen-Album entdeckt.
Unterm Stickrahmen, unterm Strick-
Nadel-Köcher, unter stein-
harten Makronen- und Marzipan-Herzen
Spitzen-Handschuhen, Samthut, Chiffon und Voile.
Zwischen den Seiten ein Blut-Buchen-Blatt
ein seidenumhäkeltes Zeichen, ein schwach
parfümiges Taschentuch. Vergilbte Adresse
in schöndeutscher Schulschrift. Sie
löst, was sich lesen lässt, schnappschüssig auf
biegt's, schnippt's auf Dreiviertel
durch feuervergoldete Reifen
fängt's, mischt's, verteilt's
übers Funknetz als App
»leibliche Kinder«. Vielleicht
emuliert sie der Küster fürs Hand-
colorieren. Vielleicht
nicht leichthin.

Autopsie I

Stillstehen, still
gleich dem Mond in der Kälte
der Atem darf keinen Schritt
den Lippen voraus sein.
Wie leicht
hängt sich streunender Frost
an den Hauch eines Mundes
wie leicht
friert das Mondlicht zum Winterwald
über dem Großväter-Sofa!

Gradstehen, grad
wie die Tanne dem Stein
der Wipfel darf hinter den Wurzeln
keine Kerbe zurück sein.
Leicht
dehnt der Mond
sich ins Tauwetter aus
wo er Hof hält mit totem Holz
und weitenden Blüten aus Eis
gezüchteter Orchideen.

Stillstehn, ganz grad, wenn der Mond
den Stand der Stille verändert
nach Ansicht von Großvaters Uhr
hinter dem Patchwork-Sofa.

Autopsie II

Sput dich spul dich
zum Roten zum Weißen
die Spindel tanzt unter moulin des drames
Furten Fährten Gefahren Fähren

In der Wanne
mit Fäusten und Knien
gegen den Deckel trommeln. Der Kopf spuckt
eine kehlkopfzersetzende Sprache aus
Schleimfäden zu
den kahlen Kastanien
im Park mit dem totgeborenen Laub
an den Astspitzen knospende Köpfe
mit Raupen-Zähnen.

In den Abzugsgräben
der Laufbahn
um Gitter und Hecke und Kamera-Auge

Wolkenspiegel Weißraum
Klingel- und Knopf-
leisten, fadenweit leuchtend
Vorfühlfeld
an den Enden der Spindel.

Aus dem Geräte-Schuppen ein Paar
überflüssiger Sinne
von letztorientalischer Nacht.

Ich, ein Hauch
von Vanille und Relaxing Zen
wie es unter der Kopfhaut
neben dem Sehnerv un-
eingemietet wohnt, zählt
die Blätter an jedem Schritt
ins Verlieren verlieren

Autopsie III

Flügel-Kante: Loire-Schloss
Onkel Toms Hütte. Flügel-Spitze:
Wohnturm Wohnturm. Spiegeln
zwei Spiegel einander an, spielt
die Fee von Messina Perle Koralle
um Samt Obsidian, schärft kühlt
den Fühlern die Feder, setzt
der aufgefalteten Sommer-Welt
eine Welt in vor ihrem Strich
starr kaltem Wachs gegenüber. Was
mögen die Falten-Bewohner
ihr tun?
Sie kaufen und leer stehen lassen.

Ich, schreibt die Spitze, bin
euch tausendmal näher als euer Vertrag
und tausendmal ferner. Tausend
eurer Verträge sind
für mich wie ein Auslassungszeichen am Ort
wo das Wachs sich verflüssigt.

Taschentuch. Schrankfrisch. Morgen.
Tischtuch. Faltenscharf. Heute.
Handtuch. Sonnenwarm. Gestern.
Endbescheid: Endemie.

Entspringt. Fließt. Rinnt
In trockene Tücher.

Rippenstück. Nierstück. Messerfrisch! Blutig!
Spare-ribs, go-west mariniert.
Schwelendes Wachspapier. Blasebalg! Brennt!
Kamingitter wieder vor.
Zigaretten aus. Paian.

Die Herzen gehören dem Gott
wie sein eigenes. Ob er hat?
Auf der Sonnen-Terrasse, zwischen
Hollywood-Schaukel und Pool-Bar drehn
Kastor und Pollux den Grill-Spieß.
An der Schönwetterseite
Propyläen. Lastenlift.
Statuen, Mischkrüge
Kontrabass, Catering, Dreifuß.
Bei Ankunft des Gottes
Fackeln. Brandgefahr! Feuertreppe!

Ans Amphi-Theater, erzählt sie
vom Ausflug nach Epidauros, grenzt
ein großer, ein kleiner Mond
für Medea und Amygdala.
Photoshop, Stick, Betriebsprogramm.
Jetzt, einander umkreisend
spielen sie Bildschirmschoner.

Das Dorf

Steine. Schnellstraße. Steine.
Im Bären im Ochsen im Löwen summt
überwinternde Fliege im Orgelton
putzt sich die Flügel. Einer
stülpt jetzt sein Glas über sie
stumm und plötzlich wie immer. Vor
der Hintertür Abflussbett, Kiesweg. Regen
summt im Gemeindeton
psalmt von Kiesel zu Kiesel
jetzt oder nie oder jederzeit Wartendes
unerwartet wie zu erwarten auf Jetzt.
Im Blumentopf
auf der untersten Stufe
fehlt eine Scherbe. Die
fängt einen Anfang für dich und für mich
und den Winter jedes Mal wenn
die Sonne vorbeigeht. Ist
mit uns vor uns gegangen, springt schnell
vorwärts rückwärts
über die Straße von Stein zu Stein.

Funfunk Funkturm Turmhahn
Dorfschule Dorflinde Dorfbeiz
Pausenzeichen unter Denkschutz
gerettet vor Power-Points Hagel
Graupel, Schnee. Aus der Sommerpause
Schlüsselblümchen, Veilchen, Hyacinthen
am Christkindles-Markt. Windsbraut
Wintersturms säße, wär
sie nicht reif für die Insel
auf dem sanft schaukelnd profil-
oben treibenden moon-boot, von zwei
schockgefrorenen Senkeln gezogen.

Nebel- und Frost- und Glast-
Kinder liegen im Sterben. Bequem.
Ihre Konturen aus Kläricht
Ruß und Fluor
stöbern sich, stupsen sich, strecken sich aus
mixen, scratchen. Läuten.

Übers Schaulager nickend
weißzahnig breitzahnig Mund-
Frische-Girls
Minze weinend. Eine
wird Windsbraut des Jahres. Der Winter
ist per Akklamation
in die Jury gewählt. Er
wird bei Kommemorial-
strafe nicht
ausbleiben.

Zwei Uhren.
Eine
geht vor.
Eine
geht vor sie.
Gehen
gegenansichtig aufeinander zu
schneiden mit überzeugenden Zeigern
kleine Stücke Augenbrot
aus der Zählzeit. Teilen wir?

Reifen. Blätter. Dusche. Zephyr.
Nächst jetzt. Nächst morgen. Nächst gestern.
Solange ein Ende sein Etwas
anfänglich auffassen kann. Ich
höre dich. Wieder und wieder.
Schneidend, spaltend, schminkend
am helllicht hämischen Tag
rezykliert und reanimiert
aus dem Jahres-Vorrat an Asche.

Wolken und Wellen, den Äther
um Euter und Eustress bittend.
Korallen-Stöcke, einkreiselnder Müll
Sollbruchpunkt: Bio-Chips.
Welträtsel: Goldschnitt oktav
vom Schelf gerissener Rücken
Barriere-Riff: Buch-Block. Trotz-
köpfchens Stick-Rahmen, Stick-Nadel, Stick-Muster
Ursprung, mis en abyme.

Es sind noch Subjekt-Stellen frei. Kleine
Höhlen im Sand
Handspuren Fußspuren Kriechspuren, dicht
an der Brandung
Eindrücke gegen die Zudringlichkeit
von Landwind und Meerwind, von
Ebbe und Flut, von
weißen und schwarzen Segeln.

Über der ebenen, eben
versiegelten Deponie
geht der Regen für Erde hausieren
Mutterboden, erste Qualität
Regenwürmer, Pilze, Bakterien
chemische Zusätze: keine.
Stößel. Tropfen. Schlafende Asche.
Schmelzfluss zu Tau, Schlacke zu Schotter.

Abraumnieder verliert
der Regenfall sein Gesicht
an Mauer und Graben und Wall
Rinne, Risse, Narbe. Was
fragt es die Samen
von Kirschbaum und Pflaumenbaum, soll
in Keimbezug kommen vom Boden
unter dem Boden? Sinnschmuck? Wortschmuck?

Tongrube. Gräberstadt. Kopfbahnhof. Das
wäre ein Weg, der den zögernden Sommer
in Mitreise zöge. Aber
nur sauber gekiest und planiert, ohne
Wolfsmilch und Fingerhut, ohne
Junglaub und Altöl und Spülglanz
zu keinfreiem Urteil.

Ein *Baum* *Ein*
Ein *Blatt* *Ein*
Ein *Buch* *Ein*

Wer B sagt, kann
A ersparen.
Die Ersparnis wächst
mit jedem Ausgabesatz.
Sie hat eine Reizgrenze.
Sie hat eine Reißgrenze.
Jede Zusage führt
tiefer ins Mittelland.

Die Ersparnis pausiert
insofern sie sich einbucht.
Sie zählt an die Reizgrenze.
Sie wählt ihre Reißgrenze.
Die gewählten zählenden Zahlen
klammern den Unterschied ein.

Welche Zahl währt von A über B
bis an die Schreibgrenze? A
baumt auf, pfeift
blattend Flaneusen her.
Der Weißraum von Ein nach Ein
gehört ihnen.

Buch. Blatt. Alaun.
Blut, auguriert die Alraune, ist
ein besonders still haftender Stoff
einerseits andrerseits.

An Dich I

Zwischen diesem und dem nächsten Regen
bleibt der Schwemmsand in den Straßen liegen
bildet Bänke aus Gewohnheit zu Gedächtnis
trübt dem Wolkenblick die Mittzeitaugen.

Ich spüle den Mehrwert
der Allegorien aus.
Ich trockne den Gärschlamm
in den Analogien.
Ich finde, begründe
ich stelle
ich halte fest. Du

wirst, möchte ich, überzeugt
vom Anhaltspunkt unter dem Zeilenfall
Merkzeichen setzen für Wurf-
oder Schwenk- oder Hänge-Brücken
von diesem zum nächsten Regen, du

wirst, bin ich überzeugt, versaufwärts
gehn und mir sagen, worauf
die Wolken ihn absehn.

An Dich II

Splittert ins Blaue, Email, wenn
Dein Medaillon gegen die Herzkante schlägt
splittert ins Rote, wenn
der Maurerhammer den Ziegel
mitten entzwei trifft. Sinn

wappnet sich gern mit dem Letzt-
Zeichen, legiert's
mit dem Ganzen und Langen
Gedehnten, Ebnen, bis Du's
um den Hals trägst, splitternd

ins Rote, Herz wider Herz, eine Kammer
für Anfang und Ende der Windschrift

Lyra

Klein. Hell. Reinweiß.
Wega, Deneb und Atair
auf den Hüften, formiert
von 17 bis 19 Uhr gleich-
schenklig das Sommer-Dreieck in rück-
kehrend ungleichen Kursen.

Haben Sie einen Wunsch?
Ja. Aber wo? Kann sein
zwischen Doppel und Doppel, kann sein
zwischen Vorgartenzaun und Vorgartenhecke
im Schneeglöckchen-Lärm
im Oster-Geläut, im
Pappmaché für Eierkartons
Tausendschöns Zwerge, Aufklebeherzen?
Im Gartenteich, den mein Bruder
von Grund auf in Unordnung hält
mit den Juni-Lyriden?

Perlentaucher. Auf der Rasenbank.
Muschelhaufen. Vor der Rasenbank.
Attraktiver Doppelstern
crèmig-schäumig, weiß-blau.
Albedo in Wein und Gedächtnis. Niemand
kann wunschlos auf Muscheln gehen
auch nicht mit bloßen Füßen
und überaus offenen Augen.

Wir tun, was wir können
für Kann oder Sein
sagen die Broker im Ring-
Nebel und machen Nägel
mit Köpfen aus sehr schwachem Blau
für die lockeren Latten
am Vorgartenzaun, am Pförtchen
für den Blick aus dem Hinterhof.
Geometral.
Schwingende Aperturen.

Wegwarte, Achterbahn, Dilatation
sagen, sage klein a
11871
dein Jahr sei mein Jahr.

Dem Apoll von Belvoir
von Belair, von Bellevue
(wo auch wo) geht
von 17 bis 19 Uhr
das Herz auf. Die Rippen
spannt's stimmt's zu Saiten. Zupfen
gestattet. Melodie Prosodie

mit Herkules? Orpheus? Merkur?

Den Alpha-Lyriden?
Quatorze Juillet?
Wart ihr das?

Der Groß-Schrift-Steller erzählt.
Versal Initial. Auf Lebens-
Linie (dr)unter, (dr)über.
Zur Person. Auf Arte. Ab
23.15 h. Als

der Heldenplatz renoviert
in Goldbuchstaben, mit frisch
gereinigten Gruppen und Einzelkämpfern, als
die Gedenksteine Trittsteine Stolpersteine
an ihrem Platz und die schritt-
leitenden Grünanlagen der Sorge
des Publikums anvertraut – hier

muss der Schriftsteller groß und tief Luft
aus der Vergangenheit holen.
Der Moderator benützt das
um, wie wir jetzt wieder
erleben dürfen, die Größe
und Tiefe des epischen Atems – als

Als Wenn Während ab jetzt
folgendem Mass untersagt
Nachdem und Bevor
nur in besonderen Fugen
einlässig. Hast
Du das Kleingedruckte
nicht dauerhaft abgezweigt

aus den Sakkaden zum Batch? Dann – Wer
trompetet da dazwischen?
The Parades' Project Palisades
upgrade downgrade
vor Between und Across?

Das Spion-
Auge im Scroll-Bild
perspektiviert den PIN-Code und sieht:
Mit bloßen Füßen
das Gesicht rauch-
und mascara-verschmiert
flüchtest Du hiphop über die Stein-
muster blubbernde Syntax
auf Mittelachse durchs Hauptschiff, darf ich
den Kleinen, der
ist aber süß
auch mal kurz halten? Bevor
reicht ihn über den Kopf

der talk-show-Maria Nachdem
an Dich weiter. Das Gruppen-Bild

rollt sich ein in den Groß-Schirm
rollt ihn ein, bläht ihn auf, krümmt sich weg.
Kehlköpfe, für die Heroen
auf coiffierten Kastanien
wachsend, kajohlen: Daaaa …
saaaaa …

Während tanzt, als ob Wenn
Bevor Nachdem
aus dem Pflaster gespendelt hätte
über den vor Person und -ion
glühenden sprühenden Platz
im Step-Schritt, unter der Hand
vom Kristall- und Kulissen-Himmel
sirenende Opern-Sterne
dribbelnd, die Knie
bis an die Trillerpfeife geworfen
gick's! macht's bei jedem Schritt, Gelle
im Salto rückwärts aufs Wenn
tremolierend illuminierend, dass
man den epischen Atem
Größe und Tiefe einziehen hört
als ob und als wie und als bald

Die Ansicht der Welt peristaltisch
der Wieder-Erfindung der Welt
Gesicht Gesichte Gesichter.
Aus der im offenen Umkehrschluss
Karussell treibend stöbernd
stiebenden Schirmfläche sticht
ein Brillenbügel, Federstahl
schnurrt im Halblaut:
shrrrrrrr ... trrrrrrrr ...

»Es war bis zu diesem Als
(wir geben es zu) kaum

zu begründen. Wasserwerfer
Reizgas, Gummiknüppel, Gummischrot
die gebündelt geballte Empörung
der freien überparteilich
politisch neutralen (bitte
fügen Sie die gewünschten Titel
hier ein) haben bis anhin nur
den Schluss-Stein im Schluss-Satz
porentief fasertief aufge-verwirbelt
ein überflügge deutliches Blatt
aus den Leichtmetall-Körben
und Grüngut-Containern
ein überschwänglicher Zungenschlag
in den zigeunernden Trillern.« Die
reißen genießerisch prüfend
Glossare aus der von ihnen
auf heilig geschliffenen Schrift, puzzeln
mit ihnen den Quell-Code
für den Starenschwarm aus, dem
dieses Gedicht Zug um Zug
hätte verpflichtet sein müssen. Du

hast Deine High-heels ins leere
Weihwasserbecken gelegt, ein standort-
treues Paar, wie
auf Sand getraut, gehst
barfuß die Mittelachse zurück, bemüht
die Fugen nicht zu berühren, obwohl
vor der im Hüpftakt auf-
springenden Tür

bengalisches Feuer
bestialisches Feuer gastialisch

Liebe Zuschau-
er plus innen gleich außen, wir

Der Flachbildschirm knickst
mit allen Kristallen
kickt sie im Knicks
über den Rahmen, klickt
alle blendenden Zeichen
an die vier Wände, pflückt
von den Zargen die Theorie
vom Beobachten des Beobachters, pflockt
sie als Heikel- und Zuspitz-Gardine, lockt
den Atem zurück aus Gesprächs-Atmosphäre
in die Höhen und Tiefen
der Rhethermik Temporik:
Adam und jemand und Eva, das Kreuz
mit der Schlange, schlafende
Könige, sieben Planeten, sieben
DJs für lob-
preisende Engel, am siebten
Design- und Signier-Tag Schläfer
den Schläfern zum Schläfern, Konstellation:

für Ihre Aufmerksamkeit.

Kein Treiber kein Stab kein Stachel kein Sporn
kein Lenker kein Zügel kein Schütze kein Ziel
kein Anstoß bei Stufe und Schwelle und Stein
kein Stempel kein Siegel
keine Chiffre kein Term

et

mal Springschrift für spröde Vergleiche
in Ähnlichkeiten für Fremde das Fremde
aller Art Anfang auf Messers Schneide
Stoff oder Form oder Maß oder Wert
etlich und zählig bunt deutende Tropfen
Spiel mit dem Feuer aus noch nicht Stein
Kieselsäure Untergrund Unterstrom
Radiolarien, Diatomeen.

Mein über Kein zu Dein
Halt auf der Hallig
landunter landüber.
Tiden gehen einander zu Hand
von ihrer zu Deiner in ihre
Frost verhörend auf Neumond
Zwillingsstern Fixsterne Altmond
Stimmen: Windharfe, Sandorgel.

Das Licht. Der Schlüssel. Das Irrlicht. Du, wer
Du auch ist
dreht Kreisel, dreht sie landüber landunter
AufAbAufZuHerWeg. Wär's

wie Du war, wär's einig
mit überall einzig, in Zähnung
an Glühkerne bildender Kälte
kein Ich oder Wir für sie oder sie
wie ein Du aus der Asche.

Da liegt sie als Kohle.
Da liegt schon ihr Zündholz. Liegt

etwa etwan an etwas
mit Langlaut?

und einst. Eine kalte Eruption
aus dem Zeitinnern ebnet
Abhänge, da oder da
Dort findlings markierend.
und jetzt. Ein Keil
vom Trümmerring schlägt in den Zeitfluss.
Einst staut. Jetzt stockt

wo das kleine
blaue Licht blinkend auf Null
und klickend wieder auf Eins geht, rollt

tiefschwarz der Bildschirm hoch, bleibt
höher und heller schwarz, als
schirmte sehr alt-
ägyptische Leinwand sein Schwarz
gegen sein Rückbild ab. Isis

in eng anliegendem Weiß
Sprinkler und Kameras prüfend, da
und da eine Hybride zum Strauß
fürs Foto-shooting vom Nachmittag schneidend.
Osiris surfend, Body-guards
auf Ausguck auf
gestürzten Statuen. Horus
als nächster demnächst adoptiert
lacht biometrisch ins Schwarze.
Fänger im Feigenbaum. Da hin?
Dort hin, Astwerk
biegend wie brechend wie biegend.
Stützstäbe jonglierend, während

die Software-Presse Speed schnurrt
Uhren-Würger Fenster-Würger exe.
Hellzeitrest Forellenbach.
Mündet ins Trübe, wo
Anubis Tools pflanzt, Smileys
auf Kreuzwege schreibend.

Im Forellenbach schnellen die Äschen
von einer Adresse zur andern.
Die Zinnen der frisch auf alt
restaurierten Ruine im Fluchtpunkt
von Magma und Siderit
blinken die Wolken an, wären gern
Cursor, wär nicht
Aladins Lampe immer vorweg. Zeit-

Sprünge anbietend, sprengt sie
Schließfach, Schublade, springen
Kassetten, Etuis, Schatullen. Husch
streift die Meerjungfrau vom Gartenteich
die Transgenschuppen ab, geht
im Pausenzeichen zwischen Null und Eins
unter.

Alte Pinakothek

Mit dem Gesicht zur Wand

aufrecht auf
einem Felsen im Meer
mit nur offenen Augen
kein Blinzeln kein Flackern kein Umsehn
einen Strich Nahwärme
zwischen den Händen, die Finger-
kuppen in Linie die Lippen
abspürend berührend. Mich
krümmt kein Haar
keine Falte, kein Riss, mich
kümmert kein Ort vor dem Wort
das die Sonne von Ost nach West
für tausend Namen begleitet.

Die Luft sieht strahlend blau.
Der Fels sieht strahlend weiß.
Unter der Skepsis: Krume. Hier
grünte und blühte es, wenn ich
erste Schritte in den Geranos
mit Phaëtusa täte.

Mittags und mitternachts
schließen sich Lider und Lippen
eine Nuance weit zu
eine Nuance weit auf.
Den Himmel verlangt es nach Kobalt.

Die Schäre fordert Alaun.
Das Meer tut ab-
wechselnd mit mir
Austrag. Ich

kaufe mir mich im Shop
in Postkartengröße.
Fürs Bücherbord.
Fürs Portefeuille.

Morgen früh, wenn Du willst
gehen wir wieder mich suchen besuchen.

Bilder einer Ausstellung I: Stimmen

Here in this carload I am
Eve with Abel my son
if you see my older son
*Cain, son of man, tell him ...**

Was? Kain hört
seit er spricht, nur
auf seinesgleichen.

*Dan Pagis

Bilder einer Ausstellung II: Hausbau

Eine Lage Holz.
Eine Lage Mensch.
Eine Lage Holz.
Eine

Ich
war ein Baum.
Menschen haben
aus mir und aus Menschen
dieses Haus gebaut.

Bilder einer Ausstellung III: Ecce homo

Die Haut leuchtet auf
Arme und Beine strecken sich
im wärmer und wärmeren Blut.
Eingeweide, Gehirn
leuchten am hellsten.
Alle Augen sind blau.

Nachher

Schwellentäler.
Farn.
Pilzkolonie.
Am Ende der Stichbahn hat jemandes Kind
Stein-Sterne gelegt für den Wunsch
der Himmel schenke sein Wolkenkleid
Gelbdolde, Akelei, Mohn.
Schraub-Köpfe
unter Bovist und Porling. Die Bäume
am Trassenrand murmeln
von einer Untergrundbahn
Elle Speiche Schiene.

Schwarzlicht, gluh
endungs- und rundungsfrei
Augen-Grab
zwischen zwei Wunderlampen?
Spanmehl, Schwarzerde, Ölsaat.
Rutscht der Rutengänger
von außen nach außen aus
findet die Tritt
haltende Schneespur nicht
weil sie sommers
Rohrreiniger spielt
in Kupfer-, Kristall-
oder Bypass-Adern.

Schwarz – Schwarz.
Mittstrichs
grau entfirnisster Streifen
Leinwand für Lichtspekulanten?
Glühäugig. Glühhäutig. Glühhäusig.
Tiefenstille, aussichts grundiert
Rundblicke, Randbrüche.
Durch den Schnee im Gewebe
blinklichtert Aladins Dschinn
Abrieb verzeichnend, verwinternd, geht
irisierenden Auges
ins offene Grab
und schließt es.

Wie weiter, was nun
mit der Scholle am Bug
der vor Alraune
Schatzader, Feuerstein
Amulett, Springwurz
furchflüchtig werdenden Suchschar?
Den Gummizug an der Wünschelsilbe
mit dem kleinstmöglichen
Tropfen Lampenöl laden
als Patengeschenk
zur Erdgeburt schleudern, vielleicht
wird sie diesmal
ellipsenfrei mündig?

Hinter der Türe, vor der es ankam
bei Türblatt und Türknopf und Türschloss
aßen wir an ersteigertem Tisch
aus gemeinsamer Schüssel
mit handhohlen Löffeln
an armlangen Stielen, über-
gewichtig, damit sie
auf uns zurückfielen, Erbsen und Linsen
nach Maß unsres Erstzugriffsrechts
das wir einander löffelnd verlosten
weil wir satt hatten, was es uns wert war.
Einem muss plötzlich der Hunger
abhandengekommen sein
vermutete einer, als er
den Stuhl aus dem Zimmer trug
während wir
den Löffel aufhoben, die Flecken
vom Platzteller rieben und einer
den anderen fragte, ob wir
die Tischwäsche wechseln müssten. Er
sagten wir, unsre Stühle
rückend, kommt
nicht wieder. Wir
müssen seine Zunge erwahren
seine Lose verkaufen
um einig zu bleiben
über Bohnen und Fenchel, aber
jeder hatte ihn grifflich gekannt
jeder kam jedem zuvor
mit seinem Löffel Spinat und Karotten
fürs Ersterzählrecht. Währenddessen

liegt's vor der Hand in den Mund auf dem Tisch
in Rotwein- und Sauce-Flecken
anstößig mischliebig bündig
mit Rosmarin, Thymian
Tollkirsche, Eisenhut, Bilse
Curry, Nelke, Muskat. Wer
hereinkommt, solange wir löffeln, kann's
auflesen, jedem von uns
gegen Lose verkaufen.

Wenn – nein. Kein
Anspruch auf Ansprache. Lauter
sich lautab winkende Sätze, Kurs:
Dis Kon Re.

Herzkammer. Kammerton hat
seine Leiter geschultert, will
Taste für Taste durch hell
dunkles Fenster auf Hart und Weich
in die Aussicht singen. Leise
Kälte im Sonnengeflecht. Den Gürtel
allegro ritardando
enger und weiter schnallen
manierlich zu Tisch sitzen mit
Takt-Messer, Stimm-Gabel.
Aus der Papier-Serviette
mit dem Stocher-Ruder vom Anlandeplatz
vor dem aus dem Dis zu rückenden Positiv
Bänder Spitzen
Rüschen Volants
auffischen fürs
Hammerklavier mit dem Lorbeerblatt
unter den schwarzen Tasten.

Von
geometrisch polar
bis
magnetisch polar
sind Kursore auf Wache.
Im Stechschritt. Flanierend.
Mit Prosecco. Mit sehr

stillem Wasser, die allzeit
zum Re bereiten Levkojen
gießend jätend.
Von Pol zu Pol
von Geranien nach Gardenien
Einlad Einweis Einweih Eiland:
Brust- wie Bewusstseins-Vergrößerung
im Multipack Preisnachlass.
Bringen Sie Ihre Freunde
Ihre Freundinnen mit!

Wenn – immer noch nicht? Schon bald? Nicht mehr?
Christbaumschule. Streusiedlung.
Weißrauchende Schlote. Föhnnahe Berge.
Die Sommer-Sonne im Kon
Kälte aufspürend, flickt Dann-Sätze an.
Ihr Bindestrich zieht von Aussicht zu Aussicht
Gardinen im Freistil, an
Riegel Regel Regie
und Vorhängnis Abzweig suchend.

Der Konditional geht im Indikativ.
Nach Dur oder Moll?
Nach Weiß oder Schwarz?
Auf Kurs?

Schlüsselkind Schlüsselschnur Schnurr-
Navi, läuft
seit Erfindung der Unwucht
schraubflügelschlagend im Kreis.
Bordkante Bildrand Sand-
straße, Vorspur kartierend
für Schotterbett, Kieskoffer. Auf-
springender Schließ-Code, Cluster
plötzlich sich bildender Sterne
aus abgelaufenem Staub.
Das Knurren des Pitbulls
das Knarren des Müllkahns
zerrt mit
an derselben Kette.

Ihrem Arena
und Amphitheater 3-D
einkurbelnden Drehorgelspieler
kommt sie so vor, als fordre
ihr Vorschuss-Verschluss
ihm die Schuhriemen ab
als schnitten die Kopfsteinspalten
ihren aus Noppen und Nullen
geflochtenen Schiedsspruch
ihm zwischen den Zehen in eins.

Von Morgenmotoren
und Rinnsteinwäsche
schütteres Bachbett.
Schwemmholz, modrig und splittrig
vom querweisend schnittrechten Weg

ultraschall leuchten die Späne
seinem Planspiel voran.

Die alte Leier will angehörs
schon orgelnder Lichtwut
die Walze wechseln. Die Puppe
im Bitt-Äffchen-Stil
vom Blechteller damals liegt
am Gully, klebrig
von verschüttetem Eistee, blind
von Ketchup und Kippen, bleich
von Kometen aus Neon
am Eingang zur Parkbucht. Der neue
Dreh fischt sie auf
landet sie an
gibt ihrer Strand-Promenade
Straßen-Namen.

Klinik Lyzeum Museum Bail-out
Laterne Laterne, dein Four-Wheel-Drive
wird morgen doch aufgebrochen.
Kompass Bussole Sextant
Keim- oder Nass- oder Einzelzelle
Sonne Mond Sterne
dein Pass-Wort
ist morgen gestohlen
kopiert, operiert
ohne deine Bedeutung. Du
stirbst ihr nach.
Zu mäklig. Zu mählich.

Eins und Zwie
trachten dem Welt-Modell
nach der Website.
Von der letztinstallierten
Benutzoberfläche
fallen die Arme ab.
Gliederspiele
haben zu schlendrige Regeln
und gehen zu langsam. Was
sediert, animiert, Kalkül
werden soll, hat
bipolar Ansatz zur Konsolidierung
mit dem Teppich des Lebens. Der Fuchs
auf dem heißen Solardach
tanzt die nächste Natur
Pfote für Zelle
vor.

The law says: Halt'
unter Sicherheitsglas
vor Pappmaché-Rachen
vor Wachstropfen-Zähnen den Kopf
in die Schwebe von Kaumuskelkrampf
Maulsperre, Kieferverrenkung, bis
die als Dann und durch Aus
tastende Zunge
Stimmbänder spaltend
den Zeugen erklärt: Heute
ist Mischwort.

Wieder ein Streifchen
unzerkaut un-
verspeicheltes Land
in Bissweite. Vor
der Mundhöhle Sumpf-
dotters Sonnentau. In
der Mundhöhle wächst er
über die Zungenwurzel
wuchernd ins Leinwand-Theater
hangseits der Geisterbahn.
Bei mir, schwört
die in der Kehle des Nil-Krokodils
persistierende Plastiktüte, ist's
wie zuhause für dich
wohnlich, behaglich, hell
eine Wohlfühlperle voll Wiesenduft, der
an den Rippen der Luftröhre
Quintessenz holt, als wärn sie
sein Quellcode. So

lautet ihr Urteil: Tiere
die wir fast samtgleich
zu unseren Tieren machen
wollen mit uns
nicht allein sein, lieber
mit ihren unseren
gleichsam anderen Tieren. Ich

höre mir ihnen zu. So
bin ich im Spiegel
hinter dem Spiegel.

Wer was wem heute
bis heute gesperrt
wegen Böschungs-Schnitt
wegen frischem Belag
wegen Profile-Profil
über beide Spuren.
Ganzjahres-Strauchwerk.
Laublückenkleid.
Laubbläser, Laublied
bilabial bitonal.
Leuchtendes Klingelbrett, Kamera-Auge.
Das Kurzzeitgedächtnis
der Belle Etage
antwortet umstandslos, als

wäre der Rauch
aus den Asche-Anlagen
für dich und mich schon
ganz und gar schadstofffrei.

In vorhangfrei glänzenden Fenstern
macht sich Wer / Was
sein Bild von Was / Wer
Laub und Papier
orchestrierenden Straßen zu Wem

unterall irgend
an der gefällten, geschälten
Weißtanne kuschelnd
Haar und Haut harzverklebt
Rindenstreifen als Bett
Äste als Kissen

Die Daumenkuppe, die Schneidezähne
überlegend entlang fahrend schichtet
Karies über schüchterne Haut
zwischen den Brauen.
Die Pin-ups aus den Spinden
der Axon-Schwellen-Gänger hingen
kopfunter im Schutzwald, das Haar
annagefertig verweht
in Restmüll von Rattenschutz.
Leerseitig glomm die Billig-Version
von Wärme und Beinfreiheit
für die, die frieren
unter Nordisch, auf Futon.

System-Ingenieure haben
eine wahre Tempelaffenliebe
für Idole Symbole Icone
die mit Lianen, Geranien
und Venusfallen vertopft sind.
Nichts, behaupten sie, sei so
erklecklich erheblich erstreckend
geiler und greller und werdender mit
den Stoffkreisläufen um Protein
Formalin und Fäkalien. Wer
hat, bevor er
auf Faser- und Fadenschau ging
schon wieder das Gießen vergessen?

Sich niedlich plissierender Streit
in Sende-Gefäßen, voll
freundlich gecoachten Expertorats

der tut, als täte er zögern
dem Apriori der Einmaligkeit
an die Gliazelle zu greifen
wird Anfrage-König, räkelt sich
interaktiv durch Morgen-
Mittags- und Abend-Nachrichten, notiert
wie viele Tonnen Menschenfleisch
einen Sinn miteinander
mit andren vertauschen
gegen die Währung von dort
wo niemand gern ist und wohin
jeder zurückwill.
Die Spindwand scheidet Parzellen aus
für Konter-Kulturen auf Myelin. Sie
kümmert sich nicht um die Schwellen-Welt. Sie
wartet sie ab. Kissen
Decken, Plumeaus
schütteln sich, schichten sich
sehen wieder eine Zukunft
für Divan und Dibuk.

Schneewolke, Steinadler, Gleitschirm haben
zu ihrer gut lesbaren Freude
an dieser Verlandschaftung bisher noch nicht
teilhaben müssen.
Spülicht dringt
durch die Tempelfliesen
trifft sich zu seiner
gut fühlbaren Freude
mit den leitenden Muster-Enzymen
für die CAD-verkleideten Fenster

im Umkleide-Raum. Wer
träumte nicht gerne von Träumen
diesseits von schlecht und recht?

Steinmeer.
Schrittstein.
Schritt vor Schritt.
Schredder.

Wie viel Jubel-Jahre haben Platz
auf der Spitze eines Sonnenstrahls
im Ursprung des Ur-Ozeans
in den Anrissen siedelnder Lava?

Fuß-Spitze Wurzel-Spitze
spürten gern, wüssten sie
wie sich wundlos berühren
Steine in Regen zurück
(Sintflut hat keine Sünde).

Wurzel-Stock Fuß-Angel. Sturz
aufs Gesicht schlichtet den Boden
für Fels-Splitter, Flug-Samen, Bug-Proteine.
Ihr Programm feiert Krater und Quelle
beschreibt überschreibt schreibt sie um
findet sein Passwort, geht unter.

Zu viel Urnen Amphoren
Mausoleen Rotunden
mit Durchsicht auf Berge? Meer?
am vierzeitig farbigen Kiesweg.
Zu viel Brunhilden-Dornröschen-Verstecke
an Schloss oder Dom oder Wohn-Geschäfts-Turm
je nach Beleuchtung sich umfacettierend
mal Kleinbahn, mal Keimbahn.

Farbflüchtig kroch ein Zuviel
aus den Fels-Flüssen, vor
der Erregnung des Meers
dem Wolkenzug über Ödland. Uhr-

werke schäkern bei Zeiten mit Zeiten.
Uhrenzerfall. Chroneoriten
schäkeln sich Zeit lang in Ur-
sprünge. Anzeit.

Der Höhlen-Designer in Krypta
Kuppel und Penthouse wunsch-
träumt ein Spiegel-Gespräch
aus Felsen und Meißel formierendem Feuer.
Bergwerk. Vorzeige-Stadt.
Skizze Projekt Paradies.
Vitrine Schirm Panorama.
Zärtliche Hände für Absicht auf Abfall.
Temperatur-/Temperament-Fühler, ent-
gegenkommende Türen.

Der Fuß-Abdruck
fänd gern zurück
Fuß über Fuß
vom Meer ins Meer.
Könnte jetzt schwimmen und tauchen.

Die toten Briefkästen
heimlicher Paare und Drogenkuriere
offen.

Fuchs? Junkie? Marder? Du?

Fußkettchen Herzkettchen Zwillings-Ringe
Plastikbeutelchen Buntes Ampullen
Pizza-, Pastmilch-, Marlboro-Schachteln, Coke
macht mehr draus: Wodka, Red Bull
inszenieren
oder zur Exhumierung
archivieren?

Wir müssen hier weg, bevor
Gärtner und Rentner und Kleintierschützer
als Leser-Reporter
gegen geringes Entgelt
die Ermittlungen aufnehmen.

Schatzkarte. Brüchig die Schrift
am lesenden Finger
Luftzug um Luftzug andere
Orte und Namen und Zahlen.

Dämmerung ritzt ihr Rot
an der schartigen Bank
vor der Bushaltestelle.
Schön wär's, wär's Blut
für den Brief an die Toten:

Fuchspergament.
Marderfeder.
Streusand, ganz weiß.

Die Würfel sind alle gefallen. Jetzt
kippeln sie Zahl an Zahl
fällen ihr Domino-Feld: Eingabe Einsatz
Eigelb Eiklar
Eigentum Eiland Einbaum
Einblick Eindruck

einst einmal

Einrede Einkehr Einklang
Einsiedler Einsilber.

Ertrag: Ei, Eis, Eisen
einzeln, einzig. Einzeilig?
Eisprung Ursprung? kichert
der Würfel mit den zwölf Seiten. Den
werfen wir auf zur Entscheidung
über Eisschüsse, Eierpreise
Eisenhans' Auftrag nach Fall
von Herzkette Uhrkette Türkette.

In den Wind.
In den Sand.
An die Sterne.
Auf die See, Algen
zu Augen.

Die Karte kniffgefaltet in der Rechten.
Den Kaffeebecher kipplig in der Linken.
GPS aus.
Rostende Schilder, Sackgassen, Feldwege.
In Land- oder See- oder Luftraumluft
Würfelwürfe pendent.

Jedes Sandkorn ein Satz.
Jede Setzung ein Sandkorn.
Welche Kadenz gewinnt Strand
im Anwurf?

Karte, Folgfinger, Auberges de France.
Schlösser, Weinberge, Kirchen, Klöster.
Würfel fallen
in die Kadenzen. Gut so, wenn

die Würfel nicht beinern wären
die Pendenzen grundsätzlich
auf Pergament. Deiner Haut, meiner.

Die Würfel fallen auf deine
meine Haut, springen irrwillig
auf, zurück
Stand-by, Start, Kreisel, Abzweig
Messnetz, Netzgitter. Will
die Karte in Klein-Kassiber reißen?

Wir

hoffen beständig auf Und
längs der Atlantik-Küste
längs der Pazifik-Küste
im Höchstgebirge
im tiefsten Tal
während die Fremdenverkehrsbüros
Jetzt bestellen bei eBay
hoffend, es käme vor Und.

Hotel

Hier.
Nicht jetzt.
Hier

saßen wir an einem langen Tisch
in dem Schatten eines hohen Berges

Tiere auf Anstand. Protein Chitin

höflich häuslich haglich eins
dem andern gegenüber
mit dem gleichen Becher in der Hand
stießen auf den Schatten an ob Dach

Tiere. Auf Anstand? Keramik Metall

und der Schatten wuchs mit jedem Anstoß
stieß mit spitzem Giebel Schloss und Riegel
von den Grisaille-Grotten in der Felswand.

Wir sprechen uns. Das Von
wartet hinter schlagenden Türen
aufs Stichwort.
Ob's fällt, hängt
von der Vorhangschnur ab
vom seidenen Faden
unter der Schreibtischlampe.

Die Stare über dem Weinberg im Fenster

mankind. junkfunction. Splitting transmissing

die nicht zuhören, weil
mit Scheuche und Schnarre
in zufluchtversprechend vertrautem Gespräch
schnappen es, schnäbeln es, drillen es wahr

just: no
for ever and ever and ever

Ferien. Ah!
Eifer? Eben.
Irr-Fee? Deneb.
Eile? Aden.
Reif? Daneben.

Abnaht riefeln.
Band-, ferienreif?
Eben Irfen.
Nabe Nabel.
Dehnbar. Noch frei.

Leitmetall.
Leidmetall.
Abfindungsfindig, fühl-
freundlich fühlfeindlich je
nach Lichtauftreffwinkel, je
nach Lage der Zungenspitze.
Morgen und Abend bitten
um Einlass. Hier
herrscht, sagt
die Dämmerung im Vorbeigehn
Helldunkel anders. Was

daraus folgt, bringt
die vorgeburtlich erfolgte Verteilung
von Atemluft, Kalorien
Wärme und nicht zur Besorgnis
anregenden EKGs:
Phylogenetische Nacht
orientalisch sibirisch karibisch
arktisch antarktisch äquatorial.
Eintritt
mit Bordkarte frei, fällt erst an
bei Nietenziehung der Lotterie
zu Tiramisu, Cappuccino. Lolita

lehnt zwischen den Fenstern, greift
nach den Lamellen. Kork-

sohlen, Löcher-Jeans, cruz con espejos
über der Tattoo-Narbe im Ausschnitt. Beim nächst-

gleichen Like for Chill-in wird
sie sofort aus der Tür sein.

Springsteine. Figurinen
für Spiele mit Alltags-Spielen
aus Fugen und Spalten wachsend
beschwichtig- berichtigend störend
tiltend tilgend beschwörend
rekalibrierend. Im Schein
Spurrillen sammelnder Spiegel
stellt sie den alles Spiel spielend
überspringenden Straßentänzer
im Lidschatten still. Für später. Falls
der Bus in die Stadt nicht kommt
wegen Plattenverschiebung. Text-

tiere haben
Greifen- und Drachen-Eier
in Schlafgarben-Nester gelegt. Jetzt
weiden sie anderswo. Im
Winter und Sommer lau
mischenden Wiegendruck-Wind
werden die Waisen wach
regen die Satzglieder.
Ab und zu oder App? Ups and Downs
à point?
Abszisse Abszesse Exzesse
wet or dry?
fragt der Schlafgarbenhalm.

Der Schlüssel dreht sich im Schloss.
Zweimal. Nirgends innen mehr Licht.
Lassen wir Träume kommen.

In der Gondel aus beispiellos
leuchtendem Lärchenholz
Apfel-, Pfirsich-, Kirschzweige wie
wuchernde Glückspilze übergleiten
als ob
Lego Haribo Bernstein Opalstern
verschränkend verquickend verschrägend Meer
spielten. Bieten Chimairas
Blumen-, Früchte-, Nachtschatten-Garten
blutwillig buntscheckig auf
Irre gejätet verwarnlost.

Sonnen Gondel Sonnen
Segel: radienscheinig, rayonspreitig
Äquator
in die Armbeuge lockend.
Berenike Falterflug Flug-
Sand Sirene Sirene
streicht mild streicht wild
über Liegestuhl, Picknick-Korb
Gin, Teekrug, Kühlbox. Du
wäschst Dir im Brunnen den Staub vom Fuß
der Dornauszieher stellt
seinen neben Deinen
vom Brunnengrund sieht das Zyklopen-Auge
schnittgierig zu.

Die Gondel aus astfrei
gehobeltem Lärchenholz
schlägt einen Schmusekreis
zur Glasveranda. Geruch
von trocknenden Pilzen
Schwermut Sporenschwarm Schwermetall.
Tür links
der Tisch
mit Sonnenblumen und Apfelscheiben
auf Pergament. Tür rechts, Standuhr
stehend seit Lichterlöschen? Hände
die tot sind, strecken sich
nach dem Schlüssel, die Zeiger
wandern unter den Fingern weg
zu Ziffern einer Wachen und Träumen
entschlusslos berechnenden Sprache.

Ich sehe durch ein Perspektiv.
Ich gehe durch ein Perspektiv.
Ich werde kleiner und kleiner.

Mein brauner Jagdhund, mein weißes Pferd
die Äpfel der Hesperiden
als Schabracke im Fell
meine Turteltaube im Lotussitz
zwischen den Flügeln des Wanderfalken
gurrt ihm die Reise zu ihrem Nest
im brennenden Dornbusch
im Rotdorn im Weißdorn im Schwarzdorn.
Mein Kuscheltier jagt für Orion
braunschattende Schnäppchen.
Apportiert, deponiert sie
im Bug oder Heck oder CD-Gesteck
der Gondel aus beiwortlos leuchtend
gemasertem Lärchenholz.

Ich kenne Dich.
Ich erkenne Dich nicht.
Ich kenne Dich.

Ich – der Wecker. Tagtägliche Tage.
Kommst Du nächste Nacht wieder
in der Gondel aus angstfrei
gehobeltem Lärchenholz?
Charon? Palinurus? Gondoliere
100 Euro pro Fahrt, pro Gondellied
Aufpreis?

Zeit aufzustehn lag
eine Muschel auf dem feuchten Sand
auf dem Bettvorleger, WLAN
für Haie, Delphine (muss
dem Andenken-Händler
vom Karren gesprungen sein) lag
auf dem trocknen Sand
über den Wimpern, halb
offen, angetupft pink, eilig oval
glänzend bereit fürs Reset
dieses wie jenen Morgens

Tonscherbe. Teer.
Plissierte Persenning, faul-
gespülte Orange, weich-
gespültes Kondom. Altschutt. Der Flut
stehen die Türen offen
diesen wie jeden Morgen
gehen die Wogen noch hoch genug
sie tritt ein, tritt
rote Steine
flach stumpf porös
handrecht zum Schaumschnitt.

Abenteuer
altern. Schon während
der Strand sie erzählt.
Zu Covers auf Clips
für sakramentale
UV-protection, neu unter neu
okulierendes Peeling.
Wenn sie vom Einkaufs-
zum Abfallkorb wandern

schicken sie, wer ihnen reif
für Robinsons Insel scheint
auf die Gummi-Matratze
ins Tret-Boot, ins Gummi-Boot
auf den Klick für den Kick
des ansprechend mit-
fühlenden Katamarans.

Freitag paddelt
seriell. Ab
ins Wochenende, ab
zu individueller Resilienz
jedes Atoll
analoge Lagune. Steht
dem Strandkorb ins Haus, geht
auf gleichem Fuß mit dem Gleitfuß
der Meerschnecke, streckt
Pseudopodien aus
nach verklapptem Blei
von Silvester. Das Meer

nimmt's persönlich und spielt
was der Fuß in der Hand hat
tidend twitternd zurück: Spüren
Sie Schaum um den Mund
wenn Ihnen der Morgen mit mir
als Muschelkranz um den Hals liegt?
Bis wann
bleibt er liegen?
Bis Dusche? Oder Nespresso?
Würden Sie gern mehr Zeit
mit mir im mush-room verbringen?

Vier Handbreiten
fingerspreiz tief
unter Totholz Steinflechte
Strontium Cäsium
Atem abweisender Luft
Speicher
für das Wissen des Menschen vom Menschen
fürs Archiv der Bewusstzeit.
Blei, Stahl, Platin.
Vanadium, Chrom, Titan.
Schließ-Code
vom Quanten-Computer
zum Schutz
vor Quanten-Computern.
Findetäusch-Spiele adversus haereses
Kentauren? Cyborg invers?

Buddha thront auf nicht bleichender Seide
transgener Raupen, die Hände
nicht mehr im Schoß. Die Rechte
schreibt, immer ersparender werdend
Weltformeln untereinander, die Linke
hält die Rechte des Schmerzensmanns
lässig beim Nagel. Bevor
Mondnächte kamen und blieben
die nach Dunkelheit süchtig sind, grub
Mithras Aton Ormuzd
der Sonnenscheibe ein Zeitversteck, vier
Parallel-Universen tief.

Aus einer anderswie Speicherplatz
fordernden Art, Überleben zu schreiben
entsteht, fühlt
sie sich sicher kopiert, die Sehnsucht
nach einer Reise ins Morgenverbot
zu tausend mal tausend
Gucklöchern, Luken, Linsen
wo das Selfie him selft
abspringt, wegbricht, sich ausrollt
sein Anderswie außer Geheimnis
in Auf- und Einschlüsse setzend.

Angesichts der vom knisternden Gras
rasch tagflüchtig werdenden Dämmerung
könnten die Tautropfen Speicher-
kristall sein, sind aber nur
Fehler im Glas
von Luken, Gucklöchern, Linsen. Sind
Blickfallen, die
binomsichtig machen, weil sie's
mit Pilz- und Kornkreis-Reflexen
aus Zwergwerk und Elfenland
in Tastlust und Tastscheu treiben.

Death Silicon Valley.
Keilschrift. Anastylose.
Lücke – Luke – Lüge?

Auf der Verschluss-Platte (touch screen)
legt Wer oder Was Patience
mit Wappen und Warenzeichen, lernend
Lese-feeling zu haben
für den Narren und den Gehängten
bis an den Anfang inside
der Fülle von Anfängen
streng
unitär.

An Dich III

Für den selbersten hätte ich gern
den verkrautenden Abstellplatz
neben den Bahngeleisen.
Unter dem Steuer Dein Beauty-Case
zwischen den Speichen Dein Bär.
Im Kofferraum
Tagebuch, Stift, Typoskript
Messer, Schneidebrett, Becher.

Die Schlüssel werfe ich weg
und verstecke den Schlüssel-Anhänger.

An Dich IV

An der Mein/Dein-Linie. Zwischen
ihren Mäandern das Land
das nicht unser wird, wenn auch
seine Sonne es her figuriert
Elster und Eichelhäher
flügelnde Weile verbreiten
durch alle fünf Sinne. Holt

Atem aus Trümmergrün
Kreppblust, Hybriden. Will
seiner Sonne bessere Tage
wachsen und reifen lassen als die
aus den windfährig Mein und Dein
krähenflugs streuenden Eckern. Wird
Wüstenzentren per Glasturm versteigern
stockwerks bis unters Solar-Dach.

Feiertags Fata Fantasia
Deutsche Bank UBS Goldman Sachs
Wasserspiel Farbe Figur Versprechen
Bairam Jom Kippur Christmas.
Dünen
in Kiellinie.
Hummers
im Breitkeil.

Häklig mäklige Spanische Reiter

weiß glänzend geklöppelter NATO-Draht
schärfen die Stacheln an kürzlich
mit Vorkriegs- und Gentech-Aromen
künstlich gealterter Luft.
Polymere für den Frieden
treiben versprengt und verstört
durch Sensor-Schleusen, Air-cognitions
Chemie als Musik. Für die

netten adretten Prinzipien
der Rundum-Kinos, der Eis-
dielen, Spielsalons, Tanzcafés.

Siehst Du
den Bismarck-Turm?
Warst Du
am Bismarck-Turm?

Die letzten noch schwimmenden Kümos
(Squatter, Appartements, History
of the Pirates, Reservierung er-
beten) bitten
jede frisch färbende Restauration
um Rost. Um Erlösung. Die Kräne
werden vom Stillstehn ganz schmal
im Wolken scheibenden Sommer, hell
wie der Boden des Whale-watching-Boots
wie der Schnee vor den Wölfen, wie
aus besitzanblinkendem Passwort
Löschbefehl fälschendes Erdlicht.
Brücken biegen die Bögen zum Gruß
an die Ellipse binnen der Linie: Wenn
wir sie ausgehn, du links, ich rechts? Nicht

die Hände hinstrecken für
vergleichsweise Tage. Einzig nach
zwischen zwei Schwerpunkten uhrwerklos
streunenden Zeigern, wo
es sich splittet, splittert und emsig
bleibt in Erfahrung vor-
fühlender Haut

Unsere Wut-Puppe hat
Aussatz, ihr
fallen die Glubschaugen aus
Arme und Beine, bevor
wir sie abreißen. Auf
Nägeln und Lippen brand-
heiße News. Voll-
geile Tweets.
Drucker Kopierer Fax
giert nach Papier, das crowd-
funding zum Schutz noch frei-
hängender Faultiere kommt
nicht vom Stapel.

Unsere Puppe stellt sich
wenn wir Streit um Programme
mit ihr für uns haben, im Schmerz
einen Aufrufe-Rechner vor
der alle Naturlaute kennt
und zur Versand-Reife bringt, ehe
der Nachrichtensprecher zum dritten Mal
Kultur kräht.

Auf der Sofalehne
auf dem Ausleger unseres Traumboots
steuert sie uns mit dem Echolot
späniger Tränen ums Kap
mit dem Aussichtspunkt und dem Perspektiv
(20 Cents für den Fokus
vielleicht nicht erloschner Vulkane)
steuert durchs Abend-für-Abend-Riff
in die Lagune morgen Morgen.

Der Himmel ist blau.
Das Wasser ist grün.
Die Palmen sind's auch.
Irgendwie anders.
Sonnenuntergang
Mal für Mal wie gemalt.
Wollen wir nachher
fackelfischen fahren?

Gehn wir. Hier
ist schon jemand wie wir
mit der Hand an den Puppengliedern.

Jemand wie DU nicht DU

Kommunistin?
Anarchistin??
Terroristin???

lebt

irgendwo irgendwie unter uns
auf ihre unsere Hand.
Hackt ihr die Hände ab
damit sie in sich geht
sich besinnt und sich bessert
bis der Engel der Geschichte
ihr Prothesen anmisst
auf seine ihre Kosten.
Unserer Anteilnahme
in Blick und Bild

kann
darf
soll

sie gewiss sein.

Alle sind frei
Wie DU und ICH und du nicht.
Alle sind gleich.
Solange sie gleich sind
Wie DU und ICH
soll es uns recht sein. Dir
wird Recht geschehn.

In Callots Manier

Klappentext:
Trägt die Scheuche das Kreuz?
Trägt das Kreuz die Scheuche?

Das Eis schmilzt. Es wird hell
um die unbegrabenen Toten.
Die Dorflinde hängt voll Mensch
bevor sie in Laub steht.

Büttel und Profos haben
die Krone gelichtet. Platz
fürs Rad.
Bei jedem Schlag mit der Stange
tanzen die in den Zweigen
Beischwung.

Das Feuer ist niedergebrannt.
Der
über dem Feuer kopfunter
die Haut bis zur Hüfte versengt
atmet noch. Die
vor dem Feuer am Boden
mit den zerbissenen Brüsten
mit den zerrissenen Schenkeln
atmet nicht mehr.
Aus zerschlagenen Fässern
fließt Wein
langsam
ins Blut.

Sind das die Richtigen
vor den Gewehrläufen?
Wippt da der Richtige
oben am Galgen?
Sitzen die Richtigen
auf dem Pferd
mit dem Messer-Rücken?

Sind das die Richtigen für
Orden und Ehrenzeichen?
Für die Geschichtsbücher, die
Portrait-Galerie? Oder
die Richtigen
der Richtigen?

Klappentext:
Trägt das Kreuz die Scheuche?
Trägt die Scheuche das Kreuz?

Sie sitzen soigniert am leicht atmenden Tisch
stärken ihm schmeichelnd streichelnd den Rücken
Isis Astarte Diana Maria
heiterer Miene den Entrepreneur
beobachtend, wie er
das Tischtuch aus Himmelszeltbahn
in Psalmen und Oden zerschneidet
mit Klingen, die ihm aus Kometen
logifizierend gewachsen sind
zwischen Zeige- und Mittelfinger.

Im Schnittkanal
aalt sich
Spiderman mit Venus im Pelz
den nichts schert.
Kein Schweiß. Keine Tränen. Kein
Sperma. Kein Blut.

Isis
wirbelt die Decke weg, Venus
und Spiderman kuscheln sich kichernd
ins fliegende Kissen, stellt
Affe und Hund
Schulter- und Hüftkante
diagonal
buntes Blech, Federwerk, heftig
herzlich winkende Pfote.

»Splenditenens«, sagt Diana.
»Omophoros«, sagt Maria.
»Made in China?« fragt sich

der Entrepreneur. Der Trinker
bricht auf in die Spiegelwand
Flaschen, Pokale, Gläser
Jugendschutz, Preisliste, Stammtisch. Isis
gewahrt ihn im Rücken, zu Seiten
an Decke und Stirnwand. Sechs
Gesichte. »Pleroma!«
»Quatsch!« sagt Astarte. »Acharamoth.
Meine Schwester
vor allen Äonen.«

Venus und Spiderman schweben
sich trennend sich suchend
sich findend sich trennend
Hand in Hand wider Hand
Zwischen Tischbauch und Boden.
Venus wechselt
Name und Kleid.
Stopft
Spiderman Augen und Mund
mit Schaumschlägen, tanzt auf schaum-
ziehenden Fäden, tauscht
Bauch und Boden west-östlich.

Tiger verfolgen Orion.
Die Schlange verschlingt Ophiuchus.
Kastor et Pollux wird
vor die Schweine geworfen.
Ochs und Esel fahren
den Großen Wagen zu Bruch.

Spiderman
reibt sich den Schaum aus den Augen
knifft's, wie sich's ballt, zu Papier-
fliegern, die
pfeilt er
in die Götter-Versammlung von Elephantine. Reißt
Tangzöpfe ab. Streift mit der Richtfeder Federn
aus Haaren und Fellen. Schlitzt
Fisch- und Krötenhaut auf, bleckt
Schleimzungen, Vampirgebisse. Schafft
Oasen für Initialen: Das Buch
von der erstandenen Seele. Der Prophet
Barkuf. Das Quadratus-Fragment.
Der Klemens-, der Barnabas-Brief.
Klage- und Hochzeits-Lieder
Barbelo, Ennoia, Prunikos.

Diana umgürtet sich
mit iphone und Smartphone
Tablet, Sistrum und Fern-Bedienung
stickt
in Zensurbalken forderndem Hüftschwung
Stick-Kränze ihren Adepten
telethematisch ins Haar.
Maria
lädt's online aufs Mischpult
für Erzengel-Chöre
für heilige Jahre
für schwingende Hüften im Rhythmus
von Beichte und Absolution. Der Trinker

zeichnet mit dem sich spaltenden Ende
seines Plastikhalms kon-
träre Weltformeln in
Asche und Spucke. Der Entrepreneur
löscht sie trockenen Daumens, bevor
draußen der bleiche Mond
im Stern-Genom-Diadem
die größer und weißer ab-
wehrende Sonne aufzehrt.

Nähert sich freundlich licht-
hupend der Cola-Truck.

Sadhuzag
anmutig unmutig
Schlitten Christkind Knecht Ruprecht
vom Kabinendach kickend, springt
durchs offene Fenster
auf den erschrockenen Tisch
Salz und Zucker dem Entrepreneur
von der flachen Hand leckend. Kaum

halb zerschnitten das Tischtuch.
Venus und Spiderman
betteln den Entrepreneur
um die Schere an für den Fall
dass Arachne aus der Nord/Süd-Symphonie
in den vierundsiebzig Ton-Spür-Sprossen
Sadhuzags ein Kleid für Barbie webt
Brokat, Kamelien- und Klingen-Muster
Mieder in Coca-Braun
über der dritten Brust. Der Trinker
fällt auf die Knie
will den Tresen umarmen voll Dank
für den disseminativ quadrierenden
An- und Aufschub seiner Illness-Reise
über Tisch und Stuhl auf Pelz und Tuch.

Mariana-Virginia Lăzărescu

Nachwort

»Unsanfte Bilder«, mit Zeichnungen des deutsch-armenischen Künstlers Sam Grigorian, ist der siebte Gedichtband des deutsch-schweizerischen Germanisten, Hochschullehrers, Essayisten und Lyrikers Wolfram Malte Fues.

Schon der Titel des Lyrikbandes deutet auf einen Autor hin, der die deutsche Sprache in Lexik und Grammatik, in ihren feinsten rhetorisch-stilistischen Nuancen beherrscht. Diese Behauptung kann an unzähligen Beispielen veranschaulicht werden: »Wer B sagt, kann/A ersparen./Die Ersparnis wächst/mit jedem Ausgabesatz./Sie hat eine Reizgrenze./Sie hat eine Reißgrenze./Jede Zusage führt/tiefer ins Mittelland.« *(Ein – Baum – Ein)*

Die Texte von Fues sind mal schwer zu verstehen, weil hermetisch, mal einfach, weil kristallklar. Auf jeden Fall sind sie gründlich durchdacht und bis ins kleinste Detail stilistisch ausgefeilt. Der Tonfall ist raffiniert und sicher. Zu den oft verwendeten Stilmitteln gehört die Alliteration wie in dem folgenden Gedicht: »Das Verfolgte/stützt/das Verfolgende/stürzt/seinen Einfall in Einfalt/stülpt/sich ihm über als Jetzt-oder-Nie./Pollenflug multipliziert/Mondaugen. Mohnaugen.« *(Grün. Mittlerer Frischegrad.)* Ausgefallene Stabreime sind auch in den folgenden Versen festzustellen: »Einrede Einkehr Einklang/Einsiedler Einsilber. / Ertrag: Ei, Eis, Eisen/einzeln, einzig. Einzeilig? Eisprung Ursprung? kichert/der Würfel mit den zwölf Seiten. Den/werfen wir auf zur Entscheidung/über Eisschüsse, Eierpreise/Eisenhans‘ Auftrag nach Fall/von Herzkette Uhrkette Türkette.« *(Die Würfel sind alle gefallen)* Stabende Wörter und Wendungen sind auch in dem folgenden Beispiel erkennbar: »Von Pol zu Pol/von Geranien nach Gardenien/Einlad Einweis Einweih Eiland:/Brust- wie Bewusstseins-Vergrößerung/im Multipack Preisnachlass.« *(Wenn – nein. Kein)*

Aufzählungen und Enjambements sind in den Gedichten oft anzutreffen. Diese verleihen den Texten lyrische Substanz und philosophische Tiefe: »Mit dem Gesicht zur Wand/aufrecht auf/einem Felsen im Meer/mit nur offenen Augen/kein Blinzeln kein Flackern kein Umsehn/einen Strich Nahwärme/zwischen den Händen, die Finger- / kuppen in Linie die Lippen/abspürend berührend. Mich/krümmt kein Haar/keine Falte, kein Riss, mich/kümmert kein Ort vor dem Wort/das die Sonne von Ost nach West/für tausend Namen begleitet.« (*Alte Pinakothek*)

Auch Anaphern, Ding- und Farbsymbole kennzeichnen den Schreibstil des Dichters: »Der Himmel ist blau. / Das Wasser ist grün. / Die Palmen sind's auch. / Irgendwie anders. / Sonnenuntergang/Mal für Mal wie gemalt. / Wollen wir nachher/fackelfischen fahren?« *(Unsere Wutpuppe hat)* Wissen über Mythen und Märchen wie in den Versen: »Glühäugig, Glühhäutig, Glühhäusig./Tiefenstille, aussichts grundiert/Rundblicke, Randbrüche./Durch den Schnee im Gewebe/blinklichtert Aladins Dschinn/Abrieb verzeichnend, verwinternd, geht/irisierenden Auges/ins offene Grab/und schließt es« *(Schwarzlicht, gluh)* oder in den Versen: »Judith hat einen Schönheitsfleck/neben der linken Braue/oder ein Melanom. Oder ein Oger für/Holofernes, wie er vom Kleid/kopfvorweg aus dem Bild rollt?« *(Bild. Unfug. Stört)* wird vom Dichter souverän eingesetzt. Desgleichen wird mit Anspielungen auf Stoffe und Motive der Weltliteratur umgegangen: »[...] Kleopatra/schüttelt die Schlange ab. Reibt sich/den Oberarm. Greift sich/die Gitarre:/Would you like to sing/‚We shall overcome'?/David als Maler von David/als Goliath zieht eine Stimmgabel/aus der Palette, ohrfeigt/den Schmuck-Kopf von Dir nach Kirchentonart/aphrodisisch marianisch.« *(Madonna will aus dem Bild)*

Fues bevorzugt pointierte, aphoristische Ausdrucksweisen, die seine außergewöhnliche Bildung, sein solides geistesgeschichtliches Format jedes Mal erkennen lassen: *»Im Löschwasserteich, im Rund*/ums weidengeflochtene Enten-Nest/friert die Binse. Das Eis/entspannt sich (sie nicht) und geht/rissgewiss durch die Vielzahl. Die/steif und gradaus wie sie ist/sieht es zu Wolken auf an/macht sie Witze reißen.«

Ironie und Bezüge zum Zeitgeist machen aus einem auf Anhieb harmlos klingenden ein vielschichtiges Gedicht: *»Denk ich an das*/was in Mode kommt, um/heute das Ende von heute/zu bordieren, zu paspeln/zu posamentieren, in kleinen/Schlucken und Schüben, wird/mein Schnupfen nicht schlimmer nicht besser./Ihn juckt's, gängig/gefälligen Mustern/ihr Kennwort zu köpfen, die Amplitude/von heute nach heute olympisch/pythisch zu modulieren.«

Einfallsreiche Wortspiele, kunstvoll eingeflochtene Anglizismen oder Gallizismen sowie kluge Aperçus versteht Fues meisterhaft zu handhaben: »Sput dich spul dich/zum Roten zum Weißen/die Spindel tanzt unter moulin des drames/Furten Fährten Gefahren Fähren//In der Wanne/mit Fäusten und Knien/gegen den Deckel trommeln.« (*Autopsie II*).

Unerwartete Wortkombinationen und -assoziationen, Umkehrungen von Wendungen überraschen und ergötzen zugleich: »Am Schnittpunkt/des Schienenstrangs spränge/Küsters Stiefsohn ab, löschte/das Jahresprogramm für Turm-Art und Tonart/hörte, während der Ausdruck zerreißt/zu Fidibussen für Picknick- / Sonnwend- und Pfadfinder-Feuer/das Klick und den Kick, wenn der Stick/mit geborgenen Schellen Schlingen/in Ariadne- und Arachne-Fäden schlägt.« (*Idylle*)

Ausgefallene Wortschöpfungen faszinieren immer wieder den Leser und regen ihn zum Nachdenken an, weil sie den Alltag im heutigen Leben eines jeden von uns widerspiegeln: »Plasmasplashing. Shooter/ontogenetisch je Ich./Minarett, Kathedrale, Pagode/um die Triage von Jobbing-/Shopping- und Gaming-Strömen/blähen sich stroboskopisch/süßsonnig klebrig zu Netzhaut-Bonbons/platzen, zerknallen, sprühen/fackeln pyrofizierend./Cool/lagern. / Haltbarkeit/siehe Handgriff.« *(Madonna will aus dem Bild)*

Intentionale Doppeldeutigkeiten und kunstvoll eingesetzte Ambiguitäten führen zu einer spannenden Steigerung der Aussage und zu einer Potenzierung der Bilder: »Froschkönig, fett/von Wolken- und Wegerich-Küssen/spielt mit dem Ruder Natur/zwischen den Schleppankern./Aschenbrödel und Titania/bieten einander Ophelias/Flussreise an. Ist/wie die Werwölfe wissen, reich/an Anlande-Orten mit Angebot/für Piercing, Face-lifting, Botox/oder ein bisschen Tattoo.« *(Machen wir diesmal den Anfang)*

Klangähnlichkeiten werden gekonnt ausgebeutet, um ständig neue Bilder zu erzeugen und damit dem Lesenden stets neue

Welten zu eröffnen: »Gras-/spitze singt Gras-/spitze nach, Gras-/spitze mit Gras-/spitze konzertiert/härtersanfterlängerkürzer/dumpfergrellerhellerdunkler.« *(Madonna will aus dem Bild)*

Wortfelder der Farbe tragen zur Konstruktion eines eigenartigen poetischen Universums bei, in dem jedes Wort ausgewertet und neu beleuchtet wird (z.B. in dem Gedicht »An Dich II«).
Wie sich die Denk- und Schreibweise von Fues entwickelt, wie die Worte ins Rollen kommen und einprägsame Bilder entstehen lassen, verdeutlicht folgendes Gedicht: »Perlentaucher. Auf der Rasenbank/Muschelhaufen. Vor der Rasenbank./Attraktiver Doppelstern/crèmig-schäumig, weiß-blau.« (*Lyra*)

Somit wird eine gangbare Brücke zwischen den alten und den neuen Werten der Menschheit geschaffen und dadurch eine subtile Kontinuität über die Zeiten hinweg erreicht. Geist und Materie werden in Frage gestellt, um dann in Eintracht fortzubestehen. Die vielschichtigen Facetten aller Dinge und Phänomene werden genau observiert, mal bejaht, mal verneint. Bezweckt wird, mit Hilfe eines akribisch ausgewählten Wortapparats Dichotomien und Antinomien zu produzieren. Dadurch kommt es zu einer ungewöhnlichen, fesselnden Dialektik und Dynamik der Aussage.

Die Gedichte von Wolfram Malte Fues stehen in einer langen Tradition der modernen deutschen Lyrik und spannen den Bogen vom experimentellen Charakter der Jahrhundertwende über Dinggedicht und Seherlebnis zum Surrealismus bis hin zur konkreten Poesie.

Der neue Gedichtband ist eine originelle Sammlung von unsanft konstruierten meist titellosen poetischen Gebilden im typischen Schreibstil von Wolfram Malte Fues, einem Stil, der sich durch eine gut dosierte Mischung von Vernunft und Einbildungskraft, durch ein konsequentes Hinterfragen der Realität und unerschöpfliche Assoziationsfreude, durch Reflexion und Introspektion, durch Symbolik und Semiotik, durch Doppelsinnigkeiten und Sprachartistik kennzeichnet.

Die Zeichnungen von Sam Grigorian bieten visuelle Alternativen für die nicht immer leicht zu entschlüsselnden Texte und verwandeln den Gedichtband in eine einmalig gehaltvolle Verflechtung von Bild- und Wortkunst.

Mariana-Virginia Lăzărescu lehrt Neuere Deutsche Literaturwissenschaft an der Universität Bukarest

Inhalt

Gedichtbände von Wolfram Malte Fues im Allitera Verlag

InZwischen
Gedichte
Mit Zeichnungen von Thitz

In diesem Gedichtband der »Lyrikedition 2000« finden sich Gedichte von Wolfram Malte Fues, die mit Zeichnungen von Thitz untermalt sind.
Im Augenblick verharren. Die Augen schweifen lassen. Die Eindrücke, das Denken über die Eindrücke wie von Aussen betrachten. Dann die Worte setzen, einige vorher noch zuschneiden. So entstehen die Gedichte in dem Dichter Wolfram Malte Fues, der, um die Brüchigkeit der Sprache wissend, dennoch feste Gebäude schafft. Manchmal auch nur die Gerüste. Doch die Statik der Gedichte hält stand.

128 S., Paperback, ISBN 978-3-86906-671-4

SkalpeSkalpelle
Gedichte
Mit Zeichnungen von Kathrin Wächter
und einem Nachwort von Alexander Honold

Die Epoche der Aufklärung setzte einen Preis auf die Skalpe ihrer Feinde: die von Männern galten am höchsten, die von Frauen weniger, die von Kindern am wenigsten. Die Epoche der Digitalisierung symbolisiert, sie vervielfältigend, die Skalpe wie die Skalpelle. Sie bringt es zuwege, dass wir ihr unseren eigenen Kopf mit Haut und Haar anbieten, mit Twitter und Google, mit Smartphone und Smart-Apps, mit Fitness-Devices, Dashboards und BabyPod, mit Abenteuerlust und Spielfreude. Wie fühlt sich das an? Wie sieht sich das an? Wie spricht das an? Wie spricht sich das an?

128 S., Paperback, ISBN 978-3-86906-854-1

Weitere Gedichtbände von Wolfram Malte Fues

Verletzte Systeme (mit Grafiken von Al Leu und einer Nacherinnerung von Peter Jost), Edition LEU, Zürich 1994

Fremdkörpersprachen (mit Abbildungen aus den Colorbüchern von Mireille Gros), Gollenstein Verlag, Blieskastel 2001

Vorbehaltfläche (mit Grafiken von Angela Kolter und einer Nachbemerkung von Ferdinand Schmatz), Passagen Verlag, Wien 2007

dual digital (mit Zeichnungen von Franziska Schemel und einer Nachbemerkung von Ulrich J. Beil), Passagen Verlag, Wien 2011